아주 잠깐 눈이 마주쳤던 한 마리 새

아주 잠깐 눈이 마주쳤던 한 마리 새

초판 발행 2025년 6월 20일

지은이 이도은(본명 이은서)
펴낸이 신지원
펴낸곳 도서출판 소소담담
등 록 2015년 10월 7일(제2017-000017호)
주 소 대구광역시 북구 호국로43길 7-19, 201호
메 일 sosodamdam01@naver.com
전 화 053-953-2112

ISBN 979-11-94141-14-3 (03810)
ⓒ 이도은 2025

* 책값은 뒤표지에 있습니다.
* 저자와 출판사의 사전 동의 없는 무단 전재 및 복제를 금합니다.

아주 잠깐 눈이 마주쳤던 한 마리 새

이도은 시집

솜솜
담담

시인의 말

아주 잠깐, 그러나 영원처럼
눈이 마주쳤던 한 마리 새가 있었습니다.
나는 오래도록 그 새를 잊지 못했습니다.
시는, 어쩌면 그런 찰나의 언어일까요?
누가 시킨 것도 아닌데
기억 저편에서 사금파리처럼 반짝이는
때로는 어디선가 민들레 홀씨처럼 날아와
불현듯 마음을 건드리는 것.
삶이라는 긴, 긴 숲을 지나던 중
우연히 시선이 포개지는, 그런 짧은 떨림.
그 눈빛 하나가
오랜 날들, 거의 매일 자투리 시간 속에서
날아간 새의 그림자처럼
떨림으로 내려앉는 언어의 선율.
이 시들이 당신의 지친 하루 위에
은은한 햇빛 한 줄기 드리울 수 있기를
그 짧은 마주침이 긴 울림이 되기를
조용히, 그러나 간절히 소망합니다.

차례

시인의 말   05

1부

펭귄의 눈물   12
새의 날갯죽지가 펄럭거렸다   14
물결   16
우체통   18
빛과 의자   20
풍경 소리   22
바다의 경고   23
청보리밭   25
지느러미   27
죽곡산 암각화   29
비술나무   30
그곳에 가면   31
푸른 심장   32
가로등   33
교동시장   34
갓바위   36
겨울 연지   38
데칼코마니   39
금강송 숲길   41
대숲의 숨결   43

2부

둔촌의 뜰 아래 46
떡살 무늬 48
동신목洞神木 50
목련, 지다 52
독백 53
꽃 수 54
면경面鏡 56
문득 58
모란 물고기 무늬 병 61
바람의 자리 62
봄빛 64
빈집 66
산택지에 가다 68
서리 70
석축石築 따라 걷다 72
소금꽃 74
손 76
숨은 꽃 77
가끔은 79
청어 80
바늘귀 82

3부

그물을 깁다	86
나무의 마음	88
맑은	90
모서리	92
모자가 나를 응시할 때	94
잠시, 멈춤	96
나무 한 그루	97
고요	98
흰 별 제과점	99
뒤안	101
강	103
감	105
봄눈	108
붓	109
얼음꽃	111
어미 새	112
에밀레종	115
위로	117
슬픔이 말을 걸었다	118
기억의 무늬, 그를 읽었다	120

4부

마네킹	124
자작나무, 흰	126
펭귄 마을에 가다	128
악마의 눈	130
저녁 소묘	132
장인	134
능	136
목련	138
토우	139
배추흰나비	141
매듭	143
먼지	145
녹	147
어떤 빛	149
하중도河中島의 꽃	151
회광반조	152
잠자리 날개	153
꽃비	155
그림자, 나무	156
탈고의 숲	158

펭귄의 눈물

바다엔 눈동자들이 걸어 다닌다
왜, 반쯤 가린 얼굴들만 떠다니고 있는가
표정은 없고 눈동자만
해변을 거닐고 있는 것일까, 얼굴을 반쯤 가린 것들은 어두침침하다
눈알만 굴러다니는 길들은 자꾸 내게
고개를 떨구라고 속삭이지만, 그럴수록 더욱
눈을 열어 듣는다, 아직도 남은 잿빛 날들
원래 사라진 것들은 안타까운 것들이니까

백사장에 떠밀려온 쓰레기 더미들 속, 어린
펭귄의 눈동자에 고였던 눈물이 따라온다
뉴스 앵커의 카메라 렌즈에 잡힌 한 장면

"이것 좀 빼 주세요"
코에 꽂힌 붉은 빨대 하나, 겁도 없이
걸어올 때 뒷걸음치던 카메라가 떨고 있었다

우리가 함부로 버린 것들의 절규
바다는 끝내 침묵하지만 드러나지 않는, 저 너머의 세계
죽어가는 것들의 신음을 듣는다

펭귄 위에 클로즈업되는 바다의 눈물
마지막 경고일까, 무거운 발자국 모래 위에 남기고 돌아서는데
입을 가린 얼굴들이 여전히 걸어 다닌다

사라지는 것들에 대한 위독한 그림자
얼핏, 함부로 버려진 모든 것들은 위험하다고
썰물이 뱉어낸 바다의 속내, 목숨을 다한 것들은

뭍으로 나와 죽는다는 것을, 입을 가린
지난 시간의 오류에 대해
함부로 침범하지 말아야 할 것들에 대해
한참 동안, 고개를 떨구고 돌아간다

새의 날갯죽지가 펄럭거렸다

누가 날아가는 새를 저렇게 장대에 걸어두었을까
잔인도 하지, 멀리서 봐도 딱, 독수리다
날개를 한껏 편 채
옴짝달싹 못 하고 논바닥 한가운데 화석처럼
걸렸다, 몸통은 없고 오직 날개만이 전부인 양
눈을 잃은 것, 더는 날지 않는다
오그라드는 심장을 어르며
바짝 다가갔는데, 글쎄
누가 하필이면 저렇게 해 두었을까
독수리 날개, 두 짝만 걸어둔
농부의 계략에 걸려든 나
헛웃음을 웃는다, 허수아비처럼
내 머리 위로 새 떼들, 웅성거리며
지나간다, 어린 참새들, 겁에 질린
화들짝 놀라서 달아나는 것, 보일락 말락
사라진 허수아비처럼, 나도 몸을 숨기고픈 찰나
죽은 독수리, 날개만 살아 펄럭거리는
황금빛 들판, 새들은 먼먼 나라로 떠나고

어느 농부의 기막힌 선택

내 것을 지키기 위해, 누군가의 날갯죽지
찢어 허공에 걸어야 한다면, 나는 차라리
나를 지키지 않는 편이 낫겠다는 생각을 잠시
했던가, 말았던가
힐끗거리며 후다닥 자리를 뜨는데
겁먹은 내 정수리마저도 쪼아댈까 봐
황급히 논두렁 빠져나오는데, 잽싸게 내 뒤통수에
대고 퍼덕이는 저, 날갯짓 소리를 어쩌나

물결

보리밭에 물결이 인다
바다도 아닌데
소금기도 하나 없는데
이리저리
초록이 파도친다.
햇살은 물빛을 품고
청보리의 이마를 어루만지며
작은 물살들을 키운다.
그 작은 손짓 하나하나가
어느 산골의 마을 전체를 흔들고
잊고 있던 어린 날의 기억을 건져올린다.
누군가는 이 물결을 바람이라 했고
누군가는 계절이라 말했지만
나는, 이 순간을 바람의 손길이라 부른다.
멀리 떠났던 마음 속속들이
다시 돌아오는 푸르른 길
들판은 고요히 파도를 일으킨다.
물결은 바다에만 있는 게 아니었구나

어느 날의 기억에도, 마음에도
가늠할 수 없는 너른 들의 일렁임
예나 지금이나 초록 물결은 언제나
거기 있었다.

우체통

누군가에게 부치려다가 만 편지 한 통
아직 풀칠하지 못한 채 거기 그대로 있었던 것 같다
처음엔 아무 곳도 아니었던 것에
그저 돌멩이었던 것, 무심한 것들에
나비를 그렸던 어느 화가의 입술
그 숨결이 가 닿은 것들엔 이미 오래전 죽어버린, 풍뎅이, 장수하늘소
예전에 사랑했던 한 사람마저도 다시
되살아나고 있었던 것 같았다
살아있어도 죽었던 것들과 이미 사라져 버렸지만
변하지 않는 것들이 있었던가, 저기 누군가 닮은 꽃 한 그루
빛이 반쯤 들어온 곳에는 반쪽의 꽃들이 핀다는 것도 처음 알았다
여윈 것들은 죄다 사랑이 목말라 모가지가 길어졌다는 것도 함께 들어와
길은 더욱더 깊어지고 있었다는 것
어정쩡한 우리, 마치 오래전부터 알고 지낸 사이인 것처럼 손 들어 나부끼는 잎들

널빤지가 깔아준 길을 걸어가며 가끔은, 두고 온 것들을
애써 떠올리지 않으려 비틀거렸던 것 같기도 했다
내가 보지는 못했던 그 사람, 저건 분명 어떤 손길이 지나간
거다
기다림 같은 것이었는데 아니, 뭔가 할 말이 많아서 그랬을지
도 모를 일
그가 그냥 손댄 자국이 아니란 것을, 거기
들어설 적부터 내 온몸을 감싸며 휘두르는 바람, 굳이 안기려
하지 않아도 그대로 쓰러져 버리고 마는
가슴 하나 그곳에 살고 있었다는 것
우편함이 없던 그곳에 두고서도
그가 받으리라는 것을 누가 알까마는
자꾸 뒤돌아서는 마음을 잡아끄는 손길을
꼭 잡아들고서 돌아섰다

빛과 의자

의자의 목소리가 들려요.
그늘을 좋아했던 의자가 누군가에게 말을 걸어요
한낮이 지나도록 의자를 비추는 햇빛 한 줄기
그 빛이 의자를 견디게 한 것일까요

의자는 잘 견딜 수 있다고 낮게 속삭입니다
한결같은 그가 자기를 비춰준다는 그 믿음이 있기에

빛은 언제나 의자를 어루만집니다. 빛은 참 고요합니다

의자를 따스하게 데우고 돌아간 다음 날에도 같은 시간에
의자를 찾아옵니다
오래전이나 세월이 좀 흐른 지금이나 빛은 의자를
기억하는 것일까요

빛은 가만히 의자 위에 스며듭니다
그가 다녀간 자리엔 아무런 흔적도 없군요
그런데도 의자는 언제나 따스한 온기를 느낍니다

문득, 오늘 아침엔 이런 생각이 들더군요
빛이 다녀간 의자의 심장에 스며든 말

그건 혹시
'위로'라는 이름은 아니었을까요

빛과 의자는 서로에게 참 음전해 보입니다
따스합니다, 이곳처럼

풍경 소리

바람이 지나가며
둥근 울림을 떨구고 간다.
그 여운은 공기 속을 맴돌다
한순간 침묵 속으로 스며들고,
다시금 떨리는 음률로 깨어나
어디론가 흩어진다.
그것은 단순한 소리가 아니다.
세월이 바람에 실어 보낸
옛 기도의 잔향,
잃어버린 순간들의 미세한 흔들림.
어쩌면, 바람이 불 때마다
우리 가슴 한편에서도
지워진 이름 하나가
아득히 울리고 있을지 모른다.

바다의 경고

한 알의 모래가 바람에 흩날린다.
우리는 그 속에 숨은 작은 세계를 보지 못하고,
손끝에 닿지 않는 미세한 존재를 놓친다.
그것은 불완전한 생명의 한 조각,
하지만 우리의 눈길은 지나쳐간다.
바닷속 깊은 곳,
그곳에 잠들어 있는 플라스틱의 조각들이
천 년을 기다린다.
빛을 받지 못한 채,
세월을 지나 우리가 그토록 사랑한 생명의 흐름 속으로 스며든다.
우리의 발걸음이 깊어질 때마다
그 미세한 입자들이 꿈틀거린다.
우리가 놓은 그림자가
세상의 모든 바람을 타고 퍼져나가며,
그 속에서 우리는 무엇을 찾을 수 있을까?
하늘의 별빛처럼,
그 미세한 것들이 모여

우리의 미래를 바꿔 놓을 것이다.

그러나 우리는 아직도 보지 못한다.

우리의 손끝에 닿지 않는 작은 세계를,

그 숨겨진 그림자를.

결국,

그 모든 작은 것들이 모여

우리의 마음을 무겁게 할지 모른다.

그리고 우리는 한 번 더 묻는다,

"이 작은 것들이,

왜 이렇게 중요한 걸까?"

청보리밭

바람이 푸른 물결을 심어놓은 듯
너른 들판이 숨결처럼 출렁인다.
햇살의 손길이 어루만진 잎새는
연둣빛으로 번져 투명한 빛을 머금고,
푸름은 그 자체로 노래가 되어
먼 하늘 끝까지 울려 퍼진다.
바람이 지나간 자리마다
희미한 속삭임이 남아 춤추고,
나비의 날갯짓조차도 느리게 젖는다.
소리 없이 피어나는 생명의 향기,
흙냄새와 어우러진 초록의 숨결이
가슴 깊이 물들여 오는 순간.
들판을 바라보는 눈길에
봄의 정수精髓가 녹아들어
차가웠던 마음조차 풀린다.
나는 그저 바라볼 뿐인데,
청보리밭은 나를 안고 살아 숨쉰다.
봄날의 축복은,

푸른 빛으로 피어나는 이 들판의 고요 속에서
영원히 깨어나는 듯하다.

지느러미

작은 어항 속 물고기를 바라보는 일은 나의 고요한 사색이었다. 맑은 물살을 가르며 천천히 흔들리는 물고기의 지느러미는 꿈결처럼 아름다웠다. 마치 물속에서 피어나는 투명한 꽃잎 같았다. 하늘거리는 그것은 고요를 뚫고 나아가는 날갯짓처럼도 보였다.

지느러미는 부드러웠다. 물결을 느끼며 흔들리기도 하고, 그저 자신을 물속에 맡기는 듯 고요히 머물기도 했다. 그렇게 지느러미는 스스로의 존재를 고백하는 듯했다. 물살을 가르는 그 단순한 동작이 어쩌면 가장 순수한 형태의 예술일지도 몰랐다.

나는 문득 상상해본다. 내 겨드랑이에도 그런 지느러미가 달려 있다면 어떨까? 그 지느러미가 물속의 물고기처럼 유연하게 흔들리며 내 몸을 감싸 안는다면, 나도 아름다울 수 있을까? 나는 어쩌면 그 지느러미로 세상의 모든 불안을 밀어내고, 단지 물결 위에서 유유히 흘러갈 수 있을지도 모른다.

삶이란 때로는 너무나도 거칠고, 예기치 못한 바람이 몰아치기도 한다. 하지만 그 모든 것들이 물살로 바뀌어 내 지느러미를 스쳐 지나간다면, 아무리 큰 폭풍도 두렵지 않을 것 같았다. 그저 부드럽게 흔들리며 지나가게 두면 되니까. 내 안의 지느러미가 그 모든 것을 받아들이고 흡수할 수 있을 테니까.

어항 속 물고기는 여전히 고요히 헤엄치고 있었다. 한 번도 멈추지 않고 자신의 길을 천천히 나아가며, 지느러미를 흩날렸다. 그 모습은 오히려 날개를 가진 새보다 더 자유롭게 보였다.

나는 지느러미가 달린 사람이 되고 싶었다. 나의 마음속에 부드러운 지느러미가 자라난다면, 나는 어쩌면 지금보다 조금 더 온전히, 조금 더 아름답게 살아갈 수 있을 것만 같았다.

그저 유유히 흐르며 모든 것을 품어 안을 수 있는 지느러미의 꿈을 품고, 오늘도 나는 조용히 생각의 물속을 헤엄친다.

죽곡산 암각화

바람이 먼저 지나간 자리
세월의 손끝이 새겨놓은 그림자.
죽곡산 돌벽 위
아득한 손길이 남긴 흔적이 있다.
별빛을 품은 듯한 곡선
사슴의 뿔처럼 뻗어가는 선들이
먼 옛날의 숨결을 노래하고
강물처럼 흐르는 이야기들을 담고 있다.
그 손은 누구였을까
검은 바위에 낮은 숨을 새기던 손.
밤하늘의 별을 보고
마음속 우주를 새긴 이.
지금은 그 손 사라지고
세월도 돌이 되었으나,
묵묵한 바람과
맑은 달빛만이 그 비밀을 어루만진다.
죽곡산 암각화
시간의 물결 속에서도
잊히지 않는 옛 노래.

비술나무

청송읍 송생리, 당산나무 한 그루 산다, 한껏 팔을 벌려도 안기지 않을 만큼
거대한 덩치, 나무 곁에 서면 버릇처럼 꼭대기를 바라보았다
잎들 사이로 보이는 잔가지들, 바람에 부러질 듯

수백 년의 시간을 견디고서도 세 아름이나 이르는 거목
한껏 팔을 벌리고 바람과 맞서서 싸우는 것이 아니라
바람이 잘 지나가도록 가만히 팔을 흔들어주는 것처럼
음전한 자태

가지가 가늘어 비틀거리는 듯한 나무
팔을 한껏 벌리고 바람이 잘 지나가도록 온몸을 맡기고
그렇게 서 있고 싶다

바람, 지나가거라
가지들은 모두 자신의 자리에서 고요히 견디고 있다
나도 따라 팔을 벌려본다, 나는 또 어떤 방향으로 가지를 뻗어야 할까
나무처럼 서서 오래오래 생각해 볼 참이다

그곳에 가면

푸른 바람이 불어와
그의 목소리를 실어 나른다
해 질 녘 그의 곁에 앉아
세월을 닦아낸 맑은 거울을 바라보면
그가 남긴 웃음이
잔물결처럼 퍼져 간다
한 세월을 노래하던 방랑객처럼
그의 발자취는 흙길 위에도
나무 그늘 아래에도 고스란히 남아
사람들의 가슴 속에서
영원한 멜로디가 된다
낡은 마이크 너머로 퍼지던
따뜻한 음성이
지금도 저녁노을에 물들어
공원의 나무들을 감싼다
그는 갔어도 그가 품은 웃음과 눈물
그가 품은 사랑과 그리움은
이곳에서 바람이 되어 속삭인다
송해 공원, 그의 노래가 영원히
흐르는 그곳

푸른 심장

두류산의 품에 안기면

도시의 소음도 잠시 숲이 된다

옛 신들의 발걸음이 남은 언덕

그 언덕을 오르면

바람은 오래된 노래를 읊는다

낙엽이 부르는 낮고 부드러운 시

그 길, 따라가면 누구나 시인의 그림자가 되었지

멀리서 반짝이는 빌딩의 창들

밤하늘 아래 숨 쉬는 또 하나의 별자리

두류산의 달빛은 더 깊고

더 오래된 이야기들을 간직하고 있다

나무 한 그루에 기대어

한 줄의 시를 새기면

그 시는 바람을 타고 떠돌다

그의 푸른 심장, 바람은 푸른 맥박을 따라 흐르고

햇살은 잎맥 사이를 가만히 어루만진다

가로등

달빛이 머물다 가는 호숫가
가로등 불빛이 물결 위에 길을 놓는다
별들이 내려앉아 쉬어 가는 듯
금빛 실오라기가 바람에 가늘게 떨린다
어둠을 밀어내며 조용히 서 있는 등불
늙은 가로수, 굵은 주름마저 지워버리는
그 빛을 따라 한 걸음, 또 한 걸음
어디에도 닿지 않는 길을 걷는다
비추고도 머물지 않는 빛
어느 무명 시인의 마음처럼 흔들리다가
이내 물결 속으로 스며드는
그리고 호숫가는 다시 고요에 든다

교동시장

바람이 스치면 나부끼는 천막 아래
손때 묻은 저울이 오늘도 삶을 달아본다
한 근 두 근, 정성까지 덤으로 얹어
푸른 생선 비늘처럼 반짝이는 하루가 펼쳐진다
어머니의 손끝에선 다듬어진 채소들
봄볕 같은 웃음으로 쌓이고
붉은 고춧가루 속에선
지난여름의 태양이 묵직하게 숨쉰다
구수한 국밥집의 김이 피어오를 때
허기진 노동의 어깨가 잠시 기대고
가파른 삶을 내려놓은 노인의 주름에도
뜨끈한 국물이 허기를 채운다
손바닥만 한 장부를 넘기며
덧셈과 뺄셈으로 버틴 세월
하지만 마음만은 늘 빼기 없이
이웃과 나누는 정으로 가득하다
저만치 저녁이 오고
어둠이 스며든 골목 어귀에서도

시장 안의 불빛들은 지지 않는다
살아간다는 것은, 이렇게 반짝이는
그, 푸른 생의 무늬

갓바위

새벽의 빛이 깨어나면

산길을 따라 흐르는 구름 속에

그의 음전한 자태를 바라본다

천년을 품은 암석 위에

바람은 여전히 속삭이고

그는 단 한 번도 흔들리지 않았다

갓을 쓴 듯한 그대의 머리 위

내 마음은 걸음을 멈추고

무심코, 그러나 깊게

미처 이루지 못한 꿈을 묻는다

그대는 선뜻 대답하지 않는다

다만 고요함 속, 서서히 보여주는 것

어떤 것들은 이미 지나간 것이며

어떤 것들은 그저 돌아오는 길

그대의 눈빛은 그것을 알고 있듯

갓바위, 그의 손끝에

시간이 녹아들어

나는 오늘도 두 손을 모은다

아무 말도 하지 않아도
천천히 제 자리를 찾아 돌아오는 길

겨울 연지

고요한 물 위에 잠긴 듯
서리 맞은 연지의 숨결이
희미한 빛 속에 젖어든다.
한때 붉디붉던 꽃잎의 기억,
그리움처럼 얼어붙은 채
바람의 손길을 기다린다.
잔설이 내려앉은 줄기엔
지난 계절의 속삭임 남아
속 깊은 꿈을 품고 있구나.
그러나 봄이 오면 다시금
얼음장을 깨고 솟아나리라.
겨울을 품은 채 피어날 너,
그 조용한 기다림 속에.

데칼코마니

한쪽 마음을 접어
젖은 숨결 위에 눕히면
거울 너머 또 다른 내가
숨도 쉬지 못한 채 피어납니다.
붉은 잉크 한 방울이
좌우 대칭의 상처가 되어
너에게도, 나에게도
같은 자리에 맺힙니다.
말하지 못한 사랑은
접힌 종이의 주름을 타고
검은 나비로 퍼져 가다
결국 같은 무늬로 남죠.
나는 나를 본 적 없지만
너를 통해 알게 되는 나
너 또한 네가 아니고
내 안에 감춰진 너일지도
그래서, 우리는 늘
닿지 못한 채 마주 서 있죠.

닿는 순간 사라지는
잉크와 잉크의 거울처럼.

금강송 숲길

거기 오백 년 소나무 아래 돌탑
이파리에 가린 산목련 흰 망울, 막 피기 직전
걸었던 솔숲, 먼저 간 사람들의 가지런한 발자국
따라 걸었었지
여기저기 구부정한 허리를
펴지 못한 나무들,
바닷물이 훌러든 흔적이었을까

군데군데 황금빛 잎들이 웅성거렸다
산으로 가지 못하고 뿌리를 내린
아득한 시간, 들어줄 귀는 없고
다만 철썩이는 파도가 바람을 만들어

솔가지들을 어루만졌다, 가만히 혹은 천천히
나무는 가끔 고개를 들어 저 너머를 응시했을까

붉은빛들이 바닷속으로 스며든다
아주 먼 별에서 온 사람이 등을 비추는 광경처럼

연등을 든 여인의 아득한 표정, 퍼져 나간다
점점 바닷속으로 침몰해 간다
바라보고만 섰는데도 그저 눈시울이 붉어지는
빛

아무런 잘못한 것도 없는데 내 심장이 오그라드는 무엇
나도 모르게 벌어진 입을 손으로 막지도 못하고
저녁 무렵, 바닷속으로 돌아가는 저 뜨거운 덩어리 하나
안고 고요히 바라보는 것만으로 두 손, 모으는
금강송 피어나는 바다 품은 솔숲길

대숲의 숨결

바람이 스민다

비췻빛 물결을 흔들며 속삭이듯

울먹이듯 잎새마다 고요히 서린 옛 노래의 잔향

머물렀다 사라지는 한 줄기 떨림.

바람이 스치면 잊힌 이름들이 흩어지고

멎은 시간, 다시 흐른다.

한숨인가, 눈물인가

그 푸른 숨결 속에서 나는 나를 잃고도 찾는다.

머나먼 바람 끝에 실려 온 한 자락의 기억

대나무는 고요히 떨며 또 다른 시간을 새긴다.

2부

둔촌의 뜰 아래

저기, 청풍은 여전히 둔춘을 감돌고
옛집 기둥 사이로 햇살이 쏠며 운다.
당신의 글 길 따라 들창을 열면
문득 백 년 전 숨결이 내게 속삭이네.
진달래 진 자리, 선비의 그림자 고요하고
검은 먹물 한 줄기, 하늘보다 맑은 뜻을 새긴다.
말이 필요 없던 시절, 당신은 침묵을 벗 삼아
하늘 아래 고요히 진실을 피워 올렸지.
둔촌이여
그대의 붓끝은 강호의 바람 같아
억센 권세를 꺾고도 부드럽게 흘렀고
그대의 마음은 별빛 같아
밤마다 백성을 품어 안았으니
둔촌의 마루에 서면
종이 위 먹 내음 아직도 살아있고
그 손끝 닿았던 자리에
시간조차 머물다 가는 듯
아, 세월은 스러져도 정신은 남아

오늘도 우리 가슴속에 맑은 물결을 일으키니

고매한 이름은 바람을 타고 먼 데 흘러도

그 뜻은 이 땅에 영원히 남는구나.

떡살 무늬

시간의 눈, 깊어질수록 비로소 선명한 꽃이
되는 나무의 무늬, 백발 나부끼던 할머니
손때 묻은 당신의 박달나무 위, 아로새긴 복도장
대대손손 이어질수록 나뭇결마다 새들마저도 힘찬
날개 퍼덕였을지도, 아무리 오래된 것일지라도
쉬이 버릴 수 없는 우리 집 보물 하나
한때 나는 비움을 실천에 옮기겠다고 유난 떨었다.
수없이 거처를 옮겨 다니면서도 무슨 증표라도 되는 양
지금껏 간직하고 있는 것 중의 하나, 어느 명장이 새긴
대단한 솜씨는 아닐지라도 어쩌면 저 나뭇결마다 따스한
이름들 가만히 품고 있는 것인지도 모른다.

날이 갈수록 나는 점점 잊힌 것들이 늘어만 간다. 긴 나무 조
각 속에 오래전부터 잠자고 있던 꽃, 새, 수, 복이란 글자. 내가
부르는 소리에 금방이라도 세상 밖으로 뚜벅뚜벅 걸어 나올 것
만 같은, 흰 절편 위로 무수한 꽃들을 찍어냈던 어머니의 손.
세상에서 하나밖에 없는 당신의 문양, 그 떡살에 기름칠하며 꽃
피웠던 시간이 저 너머에서 걸어온다. 이젠 내가 다시 꽃을 피워

볼까나. 꽃들은 얼마나 오랫동안 내 곁에서 피어날까. 당신이 우리에게 했던 그때처럼, 이번 설날엔 원형무늬 꾹, 어머니 좋아하셨던 꽃송이 수두룩 피워낼 것이다.

동신목 洞神木

나무의 긴 팔에 안겨 보신 적 있으신가요
사시사철 청청한 나무로 키가 자라 하늘에 닿을 듯
시간의 이마를 가만히 짚어봐요

속수무책으로 홍수에 떠내려가던 전설의 소나무, 이곳
석평마을 하천가에 걸려 뿌리를 내렸다죠
수백 년 동안 온 마을 사람들, 한마음으로 키워온 목신
얼마나 많은 세월을 함께 견뎌냈을까요

언제부턴가 나무는 복을 비는 동신목으로 자리매김했죠
누구나 애틋한 소망 하나쯤은 가슴에 품고 살 듯
거센 물살에 떠내려가다가 이곳 석평마을 하천가에
걸려 있던 그 나무의 뿌리, 지금의 자리에 심었던 가슴
가슴들을 떠올려봐요

서로를 고요히 보듬었던 기억
되살아오지 않을까요

기꺼이 든든한 버팀목이 되어주기로 약속했을 거예요
든든한 수호신처럼, 어느 시인이 그랬죠
오래된 나무는 사람을 닮았다고, 나무를 닮은
사람은 누구일까요

그 나무 아래 저도 가만히 서 보네요, 그의
그림자는 어쩌면 저리도 안온할까요, 그 눈빛은
어쩌면 저렇게 청청할까요

목련, 지다

목련 지는 모습에 놀라
잠 못 이루는 밤이 된 것일까
무수한 꽃, 한 잎, 한 잎씩 바람에 나부낀다
피어 있던 모습 그대로
둥글고 하얀 채로 내려앉는다
나무는 그 순간을 알았을까
굳이 손 흔들지 않아도, 꽃잎이 떨어질 때
가만히 서서 속수무책 속으로만 흐느끼고
있었던 건 아닐까
목련은 끝내 뒤돌아보지 않았고
찢기지도 않았다, 마치 처음부터
헤어질 운명이었던 것처럼
그저 조용히 내려앉는다
나무는 그저 아무 말 없이
맨 꼭대기에 남은 빈 가지를 들어
다시 올, 봄을 기다리겠노라고
아득한 하늘만 올려다 본다

독백

봄비 속, 나무의 독백을 듣는다
젖음은 슬픔이 아니고, 바람은 두려움이 아니다
긴 겨울을 품었던 그의 언 몸이 물기를 머금고 빗물이 스민
시간을 고요히 받아들이고 있을 뿐
온몸을 두드리는 수 개의 빗방울
한없는 다정함으로 그의 가슴을 두드린다
너는 곧 초록으로 피어나는 법을 떠올리게 될 거라고
아주 낮은 어조로 말하는 듯
한 잎, 푸른 빛이 온몸을 타고 오르기 위해 나무는
흠뻑 비를 맞는다, 물기에 젖는 긴 시간을 견딜수록 겨우내
얼었던 뿌리, 가지는 더 멀리 손을 뻗는다
이것은 기다림이 아니라 성장이라고, 이렇게
떨고 있는 것은 아프기 때문이 아니라 곧 피어날 것을
그 시간을 알기 때문이라고 독백이라도 하는 듯

꽃 수

글이 잘 풀리지 않는 날
옷장 위에 올려둔 대나무 상자를 꺼낸다
반쯤 짜다 만 모자가 잠을 자다
실눈을 뜨고 나를 바라본다
잘 보이지 않는 미세한
바늘귀에 초록색 실을 넣는다
내가 잊었던 수를 놓는 것은
잘 풀리지 않는 글의 마음을
한 땀 한 땀 둥근 천 위에
새겨 넣는 말
쉬엄쉬엄 내리는
빗소리를 들으며
날카로운 바늘이 천을
찌를 적마다 꽃들이 피어나는
어둠이 방안을 점령하는 것조차
잊어버린, 잠시 비 그친
창밖의 빗금을 헤아리듯
꽃들을 헤아려보는 날

마감이 바짝 다가올수록
자꾸만 어정거리는
정작 글은 쓰지도 못하고
애꿎은 실을 뽑아 피워 올리는
봄. 꽃. 수.
언어로 마음을 다스리지 못한
패잔병처럼 엉킨 실타래를 풀듯
뭔가를 자꾸만 만지작거리는데
마음은 영, 편치 않아
다시 대나무 상자에 수놓은
것들, 가만히 집어넣는다
미처 피지 못한 꽃잎
밑그림에 어긋나는 무수한 이파리들
가만히 몸을 숨기는
나는 바늘처럼 날카로운
가슴이 되어 다시 앉는다

면경面鏡

홀연히 두고 간 당신의 거울 뒷면, 모란꽃 이파리
나비처럼 팔랑이는 늦은 저녁이었나, 남은 식솔들
입을 굳게 봉하고 마당 뒤꼍에 불을 지폈다, 훨훨
타오르는 불길이 하늘로 오르지 못하고 낮게 더 낮게
바닥에 드리운 날, 뭔가 할 말이 남은 사람처럼 자꾸만
빙빙 뒤돌아보는 듯한 당신의 흰 옷자락

그간 얼마나 닦고 문질렀으면 세월이 무색하게도
어머니, 닮은 단아한 꽃들은 송이송이 피어날까
어느 장인이 조각한 것도 아니고 그저 내가 아주
어릴 적, 처음으로 수학여행 선물로 샀던 동그란 거울
거울보다 나를 먼저 껴안던, 팔이 아픈 줄도 모르고

거울 안에 감춰진 누군가의 마음을 찾기라도 하는 듯
정물화처럼 앉아 눈을 떼지 않았던 뒷모습, 갑자기
서러운 연기 한 줄기 마당을 돌아나가는데 우린 침묵했다

거울을 보는 여인의 어느 뒷모습, 얼마나 고요한 세계인지

그때 처음 알았다, 누군가 해뜨기 직전이 가장 어둡다고 했었지
어둠이 채 가시지도 않은 새벽녘 당신은 머리카락 한 올, 한 올
곱게도 빗어 내리고 사월 초파일도 아니고 매월 초하루마다 한 번도
거르지 않고 우릴 위해 기도하는 일은 어디 쉬웠을까

어머니를 보내는 마지막 불길이 사그라들 즈음, 집은 다시 고요에 들었다
금방이라도 저 문을 열고 거울보다 더 고요한 목소리로 나를 부를 것 같아
살아생전에 어머니 좋아하셨던 모란이 활짝 핀 꿈을 꾸었다고 거울보다 더
말간 얼굴로 다시 살아오실 것만 같아, 끝끝내 태우지 못하고 품에 안고
들어 온 동그란 얼굴, 그가 나를 향해 희미하게 미소 짓는다
소리 한 점 없는 그 눈빛으로 내 머리를 쓰다듬는 거울 속의 밤

문득

문득
길가에 피어난 작은 꽃을 보았다
누군가의 발길에 밟혀도
다시 고개를 드는 연약한 생명
아무도 알아주지 않아도
햇살 한 줌에 피어나는
그 여린 눈을 보았다
문득,
창문을 스치는 바람의 숨결에
가만히 귀 기울였다
어디서부터 불어왔는지
어디로 사라지는지 알 수 없는
그 무형의 속삭임이
마음을 어루만지고 지나간다
문득,
지나온 시간의 한 자락이 떠올랐다
수많은 얼굴들 속에 묻혀버린
잊힌 미소와

닿지 못한 손길들이
그리움처럼 피어올라
가슴 속에 작은 파문을 남긴다
문득,
거울 속의 내가 낯설게 느껴져
조용히 시선을 피한다
눈가에 맺힌 무언의 이야기가
속절없이 흘러내릴까 두려워
잠시 눈을 감는다
문득,
이 모든 것이 살아있음을 깨닫는다
작은 꽃도, 바람도,
추억도, 눈물도
내가 존재함으로 빛나는 것들
아득한 순간 속에서
문득, 살아 있음을 느낀다
그리고 나는
이제야 비로소

내 안의 생명을 어루만지며

천천히, 아주 천천히

걸음을 내딛는다

모란 물고기 무늬 병

노공의 땀방울, 빛깔의 경지에 이르지 아니하면
마구리 중앙, 연꽃잎 무늬 옆으로
모란꽃 저리도 은은하게
한 잎, 한 잎 피워낼 수 있었겠나.
한쪽에는 물고기와 모란을 두고, 반대쪽에는 왜
모란 꽃잎만 하나만 새겨 넣었을까.
날카로운 조각칼, 헤엄치는 물고기 지느러미마다
스치듯 지나간 부드러운 선, 미끄러지듯 내게로 온다
가마의 불이 활활 타오르는 아궁이 앞에 앉아
아마도 그는 그 뜨거운 불길 속을 헤엄쳐 끝까지
살아남길 기도했을 것이다, 모란 물고기 무늬
도공은 자신을 까맣게 태워버려도 완성한 꽃잎 하나
생채기 나지 않기를, 물고기 품은 은은한 백자
한 점, 온전히 살아남기를
오래오래

바람의 자리

느티나무는 한마디 말도 한 적 없었다
괜한 바람이 수선을 떨어 잎들이 떨어져도
그냥 내려다보고 있었다

언성을 높인 바람이 속내를 다 드러내 보여도
대꾸조차 할 수 없었던 긴 침묵의 날들이
가 버렸던 여름, 뒤안길

누가 누구를 흔들었는지
또는, 거기 뒤흔드는 높새바람이 후려갈기는
어설픈 입놀림에 생채기가 났었는지
시간은 고스란히 보고 있었을 것이다

이 모든 것들 또한 지나가리라
아무런 일도 없었다는
시침을 뗀 자국들만 벌레 먹은 잎사귀의
구멍 난 허공처럼 남은 기억들
쓸쓸히 돌아누울 때

우린 한 뼘의 키가 우뚝 자라 있으리라

보여주려 애써도 감춘 것들
감추려 애써도 보이는 것들이
한데 어울려 서로를 휘감고 있지만
바람은 그저
스쳐 지나갈 뿐이다, 절대 머물지 않는 몸짓일 뿐

여름은 또 그렇게 갈 것이다
그리고 후회할 흔적들만
꿈쩍도 하지 않을 느티나무 옆구리를
푹푹 쑤실 뿐
그럴수록 더 무성한 가지
뻗어갈 뿐이다

봄빛

아침이 와 닿을 때
창가에 스며드는 봄빛은
부서진 유리 조각처럼 반짝이며
꽃잎 사이를 어루만진다
연둣빛 물결이 출렁이는 가지 끝에서
살며시 내려앉는 햇살은
마치 오래도록 꿈꾸던
순정의 숨결 같다
바람결에 실려 온 향기가
햇빛에 녹아들 때
가슴 한구석 저며오는
기억 저편의 그리움도
봄빛으로 투명해진다
아이들의 웃음 속으로
포근히 깃드는 빛줄기
나비처럼 날아올라
새싹의 이마에 입 맞춘다
봄빛은 상처 위에도 스민다

굳게 잠긴 마음을 풀어

소리 없는 위로를 내려놓고

아팠던 날들을

사르르 어루만진다

희망은 그렇게 온다

잔잔한 호수에 번지는 물빛처럼

서서히, 천천히

어둠을 밀어내며

봄빛 속에 피어나는

생의 따뜻한 노래

나는 오늘도

봄빛에 기대어

조용히, 아주 조용히

희망이라는 이름을

속삭여 본다

빈집

언제부턴가
사람들 밝은 곳으로 다 떠나고부터
풍습이 닫힌 그의 내부는 나고 죽는 것들의 장지다
진흙 속
제 안의 말라가는 물기에 물크러져 꺾인 蓮대궁이들만
먼저 간 식솔들을 내려다보며
음지의 안락을 조용히 음미하는 곳

발길들 종적을 감춘 안은 어둡다
쑥부쟁이 바랭이 등속이 어둡던 기억과 먼지를 덮어쓰고
관절염 걸린 무릎을 만지는 한 켠
빈 소주병과 종이컵, 담뱃재, 오랜 기침 부스러기들만 어지럽다
쓰레기종량제 비닐봉지 속을 뒤지는

도둑고양이
빈 병 쓰러지는 소리에 놀라
눈치를 살핀다

떨어질 듯
바람벽엔 누가 걸어놓았는지
남겨진 윗도리가
그 누구요! 기침 소릴 낼 것 같다

발길들이란 원래 그런 것이다
귀만 커진 빈집은
오후 다섯 시의 햇살을 머리에 이고
풍습이며 역사를 떠메고 갈 힘이 없는
인근 통일전 어린것들을 가득 태우고 질주하는 관광버스를
등 굽은 어깨로 멀찍이 바라본다.

산택지에 가다

당신을 떠나보내고 자꾸만 후들거리는 나를
일으켜 세운 건, 이러다 사람 잡겠다고
등짝을 두들기며 차를 태워 데려간 곳

사방 천지가 연이다, 지나는 바람결처럼 나지막이
언니가 말했다, 엄마가 했듯이 아득한 눈빛으로

뒤를 돌아보니 수 개의 연, 꽃들이 계속 우리를 따라
걸었다, 무수한 잎들이 떠 있는 연못
그때처럼 한 바퀴 빙 돌았다, 엄마가
기억을 잃어버리기 직전, 딱 한 번 왔던 곳

그 많은 꽃을 두고 엄마는 왜 연꽃이 보고 싶었던 걸까
도무지 알 수는 없지만 내 앞에서 낮게 연이라고 불렀다
당신이 잊어버린 말들은 어디에도 없고, 꽃들은
숨어버렸을까, 연못 가득히 핀 무수한 잎들
멀건 얼굴빛으로 한없이 바라보기만 했던
당신은 마지막 기억의 갈무리를 하려는 듯

오래도록 거기, 서서 꽃들을 찾으려고 했을까

연못이 말을 알아듣기라고 하는 듯
수도 없이 피고 지는 일, 감당하지 못할
무게들은 놓아버린다고, 엄마도 이승의 무거운 짐
다 내려놓으려고 연, 보러 가자 했던 것일까
얼핏 푸른 잎들 사이로 보이는 저, 붉은 치맛자락 같은
저 꽃대는 누구의 울음일까, 그때 내 손을 슬며시 잡아
끄는 언니의 뺨에 묻은 노을은 왜, 또 저토록

슬픈 것일까, 내가 사랑했던 사람들은
모두 잎의 뒤에 숨어 더는 얼굴을 내밀지 않으려는가
꽃들은 자꾸 내게 그만 떠나보내라고
언젠가 들었던 그 말처럼, 사방 천지가 꽃

서리

억새마저도 한풀 꺾인
서리가 지나간 뒤
납작 엎드린 들판

누렇게 마른 잎, 긴 눈초리마다
차갑고 흰서리가 대롱거린다

여름 내내 성가시게
했던 잡초들, 죽은 듯이
누웠다, 더는 일어서지 못하고
봄이 오길 기다릴 수밖에

잡초를 보며 저걸 언제
다 베느냐고 물을 때마다
곧 큰 머슴이 찾아온단다
그 머슴이 서리였다니

그가 훑고 간 들판
백기를 든 허수아비
서리가 가장 큰 일꾼

석축石築 따라 걷다

불국사 극락전 서쪽, 회랑 아래
경사진 언덕길에 맞추어 허리 휘감은
먼 길, 이제껏 한 번도 걸어보지 못했다고
말하진 못하리, 잘 다듬은 화강석, 단단한 기둥
보를 세우고 미세한 틈마다 울퉁불퉁 자연석
촘촘히 메꾸어 경사를 잊게 한 석공의 손길

극락전 서쪽 출입문에 가까울수록 큰 자연석들
불국사 가장 높은 곳, 관음전을 지지해주는
석축, 어디 하나 뾰족하거나 울퉁불퉁한 이음새
없이 마치 평지에 우뚝 선 사찰처럼 늠름한 자태

얼마나 오랜 시간을 지켜왔을까

가장 밑바닥을 지탱하는 평퍼짐한 돌
고요에 든 성자처럼 꿈쩍하지 않는다
끝끝내 무거운 짐을 지고서라도 어떤
울림에도 끄떡하지 않는 자연석 그대로

커커이 쌓은 천년의 돌담길, 경주에는

아직도 그 옛날 돌 모양에 따라 꿰맞춘
오래된 아주 오래된 그 길, 그대로
허물지 않고 산다

소금꽃

어머니가 팔다 만, 소금 한 자루
그늘진 창고에 우두커니 앉아 있다

시간을 거슬러 저 혼자
짠 내음 말리고 고요히
피는 꽃
날이 채 밝기도 전, 소금을 이고
당신은 먼, 골짜기 마을을 돌아와
오랫동안 앓아누웠지

어머니의 빈 자리, 가만히 더듬는
소금의 기억, 땀으로 젖은 저고리
뚝뚝 떨어지던
흰 꽃

언제쯤이면 다시 꽁꽁 얼어붙은 몸
술술 풀어놓는 날이 올까, 소금기
말리느라 꾹꾹 눌러 온 저 누름돌

당신의 가슴 언저리, 무게를 견뎌냈을
한 자루 소금, 바스락거리는 소리
만져 본다

긴 잠 흔들어 깨워 맡아보는
기다림의 향기, 보석처럼 맑아진
알갱이, 한 알 한 알, 손바닥에
고요히 펴보는데, 짭조름한 눈물방울
바닥에
툭, 떨어진다, 언제쯤일까
저렇게 정결한 꽃처럼 피어나는 날은

손

손은 망망대해에 떠 있었다, 차가운 바람에 얼지도 않고
휘휘 물살을 가로지르는 한 척의 배처럼 바다를 떠 있었다
손의 뒷배경이 되어 사라지는 배들은 애드벌룬처럼 부푼 꿈을 싣고
먼 길 미끄러져 가는, 부포처럼 떠다니는 어지러운 것들
무엇일까, 상생의 손가락 끝에 대롱대롱 매달려
안타깝게 떨고 있는, 손은 걸리적거리는 것들은 떨쳐내기 위해
아귀를 벌리는데
어디선가 보았던 어린 고래의 죽어가는 눈동자가 어른거렸다
콧속에 흰 빨대가 꽂힌, 울음소리, 지느러미가 생명인 것들은
아가미를 벌리고 죽었다, 고래 뱃속에는 오징어가 없고
이십구 킬로그램의 쓰레기 더미가 쏟아져 나오다니, 바다에 떠 있던
두 손, 난감한 표정으로 우리를 쳐다본다
바다에 갇혀 진저리를 치는 물고기들의 숨 가쁜 소리가 들린다, 모래톱에 파묻힌 갈기갈기 찢긴 조개의 흰 살, 허공에 흩어지는데 속수무책으로 안타까운 손, 하늘을 올려다 본다

숨은 꽃

꽃잎 뒤에 피는 꽃을 보았다.
누구도 예상하지 못한 곳에서
조용히, 비밀스럽게,
마치 세상의 모든 소음에서 벗어나
그 자체로 존재하기 위해 피어나는 듯한 그 꽃은
그 어떤 화려한 전시도 없이
그저 존재하는 것만으로
모든 것을 담고 있었다.
꽃잎은 꽃잎을 감쌌다.
그 꽃은 겉으로 드러나지 않으며,
오히려 자신의 존재를 숨기며
조용히 그 자리에 있었다.
마치 누군가가 느끼지 못하도록
세상에 말하지 않고
자기 안에서만 피어나는 마음처럼.
하지만 그 꽃이 피어나는 순간,
모든 이들이 그 빛을 알아챈다.
비로소, 숨겨진 아름다움이

빛을 발하기 시작한다.

내면의 꽃은 언제나 그러하다.

우리는 종종 외부의 화려한 꽃들에 눈을 빼앗겨

그 내부에 숨어 있는,

한없이 고요하고 조용한 꽃을 잊곤 한다.

그러나 그 숨은 꽃은

세상에서 가장 소중하고 깊은 의미를 지닌다.

그것은 지나치게 화려하지도,

타인의 시선을 끌지 않으려는 의도도 없다.

그저 조용히, 그러나 확실하게

자신만의 자리를 지키며

서서히 세상에 드러나는 것.

그것이 바로 진정한 존재의 의미

숨은 꽃처럼

가끔은

가끔은 말이 모자라
그저 꽃으로 전하고 싶을 때가 있어요
어떤 빛깔의 말도 그 마음을 다 품지 못할 때
꽃집 앞에서 한참을 서성입니다
빨간 장미가 좋을까요
노란 해바라기가 좋을까요
아니면 들꽃처럼 수수하게 핀
흰 백합이 더 어울릴까요
정성을 담아 고른 꽃 한 다발이
당신의 손에 닿는 순간
그 모든 말하지 못한 마음들이
향기로 피어나길 바라며
고마움을 꽃으로 피워내어
고운 손 위에 올려두면
어떤 눈부신 말보다
더 진하게, 오래 남을까요
그래서 저는 오늘도 꽃을 듭니다
당신을 생각하며, 당신에게 건네며

청어

가슴이 탁 트여서 좋아했던 바다 앞에
섰습니다, 엄마는 바닷바람의 짠 내음이 참
좋다고 했습니다, 그때처럼 넉넉히 널린 청어 떼들의 행렬을
듣습니다, 겨울바람에 온몸 맡겨놓고 꽁꽁 버티는 시간을
바라봅니다, 엄마가 종일 시장바닥에서 언 발을 동동거리며
견뎠을 시간이 오버랩됩니다.

얼었다가 녹았다
녹았다 다시 어는 시간
얼어있던 시간을 기다리는 것은
내가 그에게 가 닿지 못한 시간입니다

전자레인지 속에서 녹였던
청어의 속은 미처 녹지 않아서

다시 돌립니다
나는 그대에게 가 닿았다고 믿었던
시간, 그대는 내게 여전히 녹아들지 못한 것들을

바라봅니다.
안타까운 날들이 흘렀고
다시 겨울 바다에 섰습니다.

바늘귀

실 하나가 바늘귀를 향해 다가간다
그 작은 구멍 속으로
운명처럼, 밀고 들어가야만 한다
한순간의 미끄러짐이라도
실은 벗어나고 말 것이다
그러나 그 실이 바늘귀를 지나
고요한 흐름 속으로 들어서지 않으면
바느질은 시작되지 않는다
바늘은 기다리고 있다
하얗게 찢어진 천 위에
조용히, 인내하며
실은 두려운 듯, 떨리는 마음으로
그 좁고 촘촘한 빈틈으로 지나가야 한다
그때, 바늘과 실은 하나가 된다
서로를 알지 못한 채
서로에게 필요한 존재인 줄도 모르고
하지만 그 불가분의 관계 속에서
모든 것이 이어진다

이 세상 모든 만남은 이렇지 않을까
서로가 닿아야만 하는 그 순간
서로의 길을 비추는 빛이 되어
풀려가는 끈처럼
하나의 인연으로 이어진다
바늘귀 속으로 들어가는 실처럼
우리도 그렇게, 한 걸음씩
서로를 향해 가야 한다

그물을 깁다

바닷가에 가면 수북한 그물 무더기
사이사이, 무릎을 한껏 세운 채 고개 숙인 풍경
백발을 나부끼며 그물을 깁는, 방문객들이 떠들며
지나가든 말든 오직 펼쳐놓은 그물에
마음을 쏟아붓는 사람들

헤진 자리를 더 꼼꼼히 찾으려는 것일까
허공에 대고 한참 동안 그물을 살피는 주름진 눈
저 탄탄한 동아줄 군데군데 뚫린 구멍들 사이로
도망쳤을, 물고기가 지나간 틈

내일이면 다시 아무런 일도 없는 듯, 단단해진 것들은
늠름하게 흰 부표를 달고 바닷물 속, 한 줄 경계선으로
금을 긋겠지, 물속을 가르는 저 촘촘한 망, 물고기들 눈에는
보이지 않을 목숨줄, 가늘고 질긴 실로 만든 푸른 경계

바닷속 한 줄, 서로서로 출렁인다
그물 가득 갇힌 지느러미의 물결

온종일 땡볕에 앉아 기운 거친 숨결
만선을 기원하는 주름진 손, 심해에
흔들리는 날

비바람이 심하게 불 때 누군가는 집을 짓는다고
했던가, 몇 날 며칠, 갈라진 손톱으로 기운 그물
얼키설키 오랜 품 안에 재웠다가 다시 풀어 놓는
밤, 대낮처럼 환한 어부의 민낯에 주름진 미소가
힘껏 날아오른다

나무의 마음

나무도 마음이 있을까요?
혹시 그 마음이 꽃이라면,
하늘을 향해 손을 펼치는 것처럼
마음도 고요히 뻗어가겠지요.
바람의 속삭임 속에서 꽃이 피고
조용히 숨 쉬는 나무의 마음
그 안에 숨겨진 꽃들이
꿈꾸는 세계가 있을 것입니다.
비와 함께 춤추고,
어두운 밤에 별을 보고,
아침이 오면
새로운 꽃을 피우는 마음.
그 꽃은 아마도,
그 누구도 알지 못한
조용한 기도일지도 모릅니다.
나무는 말없이
자신의 꽃을 품고,

하루하루 그렇게,
마음의 정원을 가꾸고 있을지도 모르죠.

맑은

'맑은'이라는 말의 빛.

'맑은'이라는 단어는 참으로 신비롭다. 어떤 명사에 닿기만 해도 그 자체로 투명해지고

빛을 머금은 듯 환하게 빛난다. 마치 맑은 햇살이 비추는 아침처럼, 고요하면서도 찬란하다.

맑은 하늘.

푸른 빛이 깊고도 투명하게 드리워진 하늘을 바라볼 때면, 마음이 한없이 가벼워진다. 무거운 생각들이 어느새 흩어지고, 단지 그 푸름 속에서 숨 쉬는 것만으로도 모든 게 깨끗해진다.

맑은 거울.

수면처럼 잔잔하게 모든 것을 비추어내는 거울의 깊이. 내가 어떤 표정을 하고 있는지, 얼마나 많은 감정을 안고 있는지를 숨김없이 드러내지만, 그 투명함은 오히려 위안이 된다. 왜곡 없이 있는 그대로를 보여주기에 거울 앞에서 나는 가장 솔직해질 수 있다.

맑은 영혼.

때 묻지 않은 마음을 가진 사람들을 볼 때마다 나는 그들을 작은 빛의 조각들이라 부르고 싶어진다. 자기 자신을 드러내지 않

아도, 그 존재만으로 맑은 향기를 풍기는 사람들. 그들의 말과 눈빛, 그리고 미소는 늘 투명하게 다가온다.

맑은 마음.

세상에 찌들지 않은 마음을 지닌다는 건 어쩌면 가장 아름답고도 어려운 일일지도 모른다. 수많은 상처와 흔들림 속에서도 자신을 잃지 않으려 애쓰는 마음들. 그 투명한 의지는 결국 자신뿐 아니라 다른 이들에게도 빛을 전해준다.

'맑은'이라는 말은 내게 있어, 순수함과 따스함, 그리고 진실함을 품고 있다. 세상의 소음과 혼탁함 속에서도 맑음을 지켜내는 일은 작은 빛을 잃지 않는 일과 같다. 맑은 마음은 쉽게 흐려지기도 하지만, 다시금 맑음을 찾아갈 수 있는 힘을 품고 있기에 언제나 다시 빛날 수 있다. 나는 오늘도, '맑은'이라는 말을 되뇌며 그 빛을 내 안에 새긴다. 맑은 하늘을 바라보고, 맑은 거울을 마주하며, 맑은 영혼을 꿈꾸고, 맑은 마음을 간직하려 한다. 맑음은 멀리 있지 않다. 우리가 빛을 사랑하고, 그 빛을 마음에 품는 순간, 우리는 이미 맑음.

모서리

처음엔 그가 둥그런 원인 줄 알았다
철없이 그가 그어 놓은 선을 따라갔다
한 바퀴 돌아누울 적마다
쓰러지는 어지럼증
그 안에 꿈쩍하지 않는
직사각형 모서리, 숨어 사는 줄도 모르고
뾰족한 네 귀퉁이 일제히 고개 쳐들어
나를 향해 찔러댔을 때
이미 늦어버린 거리
사람들은 제각기 꼭꼭 숨겨놓은
모서리가 있어
거기 닿을 적마다 신음을 내는
것들, 쓸쓸할 수밖에

그의 모서리에 내 살이 패인 자국들이
늘어갈수록 여위어가는 우리들의 관계
옆구리가 찔린 내가 통증으로 뒹구는 밤의
마디마디, 조금씩 그가 둥글어질 수 있다면

그를 따라 점점 원을 만드는 내 안의 모서리
둥글어질 수 있다면

모자가 나를 응시할 때

버건디색 모자는 그녀를 닮았습니다.

도도하고 기품이 있는 자태로 의자 위에 고요히 있군요.

입을 열 듯 말 듯 하면서도 끝내 입을 다물고 마는 표정입니다.

모자는 아마도 오래도록 저 자리에 같은 자세로 앉아 있을 겁니다.

저는 당분간 특별한 외출이 없을 테니까요.

아주 특별한 날이 온다면, 저 모자를 데리고 나가겠습니다.

제 무거운 마음을 한껏 하늘 위로 당겨줄 모자와 함께 말입니다.

오늘은 이런 생각을 잠시 했습니다.

우리가 가령 누군가를 조금이라도 위한다면 말입니다.

그를 불편하게 해서는 안 된다는 생각, 누가 시킨 것도 아닌데 가슴을 툭 치고 지나갔습니다.

그간 함께했던 많은 시간을 반추해 봤습니다.

참으로 긴 대화를, 편지를 나눴더군요. 하지만 미처 나누지 못한 얘기도 많이 남았겠지요.

어떤 이유에서든 편지를 쓰고 싶다는 생각은 지극히 어려운 일이죠.

몇 해가 그냥 흘러가 버렸어요. 까마득한 이름을 들은 것도 자정이 넘은 시간이었답니다.

은둔, 칩거 등등을 절대 방해하고 싶지 않습니다.

그녀가 진정 행복하다면 저는 더 바랄 게 없습니다

잠시, 멈춤

바람이 불면 잠시 멈추어도 괜찮다. 흐르는 눈물이 있어도, 아픈 마음이 있어도, 모든 것은 결국 지나가고 남는 것은 살아낸 자신만의 흔적일 테니까. 그 흔적이 더없이 아름답고, 누군가에게 작은 용기가 될 것임을 믿는다. 그러니 오늘도 충분히 잘하고 있다고, 아무리 힘들어도 여기까지 온 자신에게 고맙다고, 다독여 주길.

나무 한 그루

누구나 마음속에
자신만의 나무 한 그루 살고 있다
어떤 이는 어린 날 마당에 서 있던
살구나무를 품고
어떤 이는 먼 숲속
키 큰 전나무를 가슴에 품는다
그 나무는 바람이 불 때마다
속삭이고
비가 올 때마다
조용히 눈물을 흘린다
기쁠 땐 잎이 무성하고
슬플 땐 가지가 떨린다
어느 날 문득
그 나무에 기대어 본다
아, 나는 얼마나 자랐을까
얼마나 많은 계절을 지나왔을까
가지 끝에 걸린 무지개처럼
이제는 내 마음도
은은하게 빛을 머금을 수 있기를

고요

어둠은 천천히 땅에 내려앉아 숨죽인 대지 위로 검은 비단을 깔아준다.

나무들은 바람의 혀끝을 삼키고 별빛은 저마다의 눈물로 떨고 있다.

적막은 귀에 들리지 않는 소리로 세상의 모서리를 다듬고 굳어버린 마음 가장자리에 고운 금을 그어 놓는다.

새벽이 오기 전

고요는 심연으로 가라앉아 흔들리지 않는 거울이 되어 자신의 어둠을 들여다본다.

아직은 잠들지 못한 영혼, 이 고요 속에 몸을 묻고 잊힌 꿈들을 더듬으며 희미한 빛의 흔적을 찾아 헤맨다.

그리하여 어둠의 끝자락에서 첫새벽의 숨소리가 맑게 울릴 때, 우리는 고요의 울림 속에서 자신의 그림자를 마주한다.

고요는 늘 어둠 속에서 가장 크게 울부짖는 법이니까.

흰 별 제과점

흰 별 제과점 앞을 지나칠 때마다
흰 별은 보이지 않고, 언제나 그 자리에 노란 별이 걸려 있다
그 별이 과연 흰색일까, 아니면 노란색일까
누가 그렇게 흰 별이라는 이름을 지었을까
누가 별의 색을 그렇게 정했을까
그 별조차도, 아마 자신이 가진 색을 알지 못할 것이다
그냥, 별이 그 자리에 걸려 있는 것만으로도
세상이 흰 별이 떠 있을 거라 믿었던 것일까
별이 그 자리에 걸린 이유를 알 수 없지만
그 노란 별은 이곳의 맑은 공기와 따사로운 햇살에
어쩌면 스며든 온기를 전하는 것만 같다
그리고 제과점 안에서 흩날리는 밀가루와 설탕 냄새는
눈꽃 나라에서 온 것처럼 순백의 마음을 떠오르게 한다
그냥 흔한 빵이 아니라
마치 빵이 내면에 어떤 눈꽃을 품고 있는 듯한 느낌을 준다
그 눈꽃은, 따스한 손길이 빚어낸
순수하고 맑은 빵의 영혼 같아서
혹시 제과점 주인은 눈꽃 나라에서 온 마법사일지도 모르겠다

그 마음을 담아 만든 빵 하나하나가

이 작은 세상에 흰 별이 떴다는 증거처럼

아름답고 찬란하게 빛나고 있었다

뒤안

뒤안, 고요히 매화 피네
눈 속에 핀 듯 맑고 고운 얼굴
서늘한 향기, 새벽안개에 실려
바람 따라 속삭이네
그 뒤로 대나무 숲 우뚝 서서
하늘을 베어 물드는 푸른 기개
매화의 여린 꽃잎 감싸 안고
휘어지지 않는 곧은 길로 서네
아, 저리도 다정한 대비여
부드러운 꽃과 강직한 줄기
어우러진 침묵 속의 이야기
바람이 스치며 노래하네
어둠이 물러난 자리마다
꽃잎 하나, 새벽빛에 젖어
고요히 땅에 내려앉을 때
대나무는 끝내 울지 않으리
우리도 저리 살 수 있을까
여린 마음 지키며 곧은 뜻 품고

휘청이되 부러지지 않으며
스스로를 품어 안을 수 있을까
뒤안, 고요히 매화 피네
대나무 숲은 묵묵히 지키고
이 아침, 자연이 가르치는
굳세고 부드러운 생의 시를

강

언제부턴가 강은 좀처럼 얼지 않았다.
제법 굵은 돌멩이를 내리쳐
깊은 잠, 일부러 깨우지 않아도 되었다

아이들은 아무도 강 위에서 놀지 않았고
더는 썰매를 타려고도 하지 않았던 겨울
이제 그리 낯선 풍경이 아닌, 모든 것이
꽁꽁 얼어야 하는 날, 얼지 않는 것들은
참 불안한 징조를 감추느라 급급했다

마을엔 배터리 공장이 들어섰고, 산허리
깎아낸 강의 왼쪽 골짜기엔 연기가 피어올라
고기들은 일제히 물 밖으로 몸을 뒤집었던 그해
강은 저기서 더는 어는 것을 멈춰버렸다

얼음 아래 헤엄치던 은어들도 떠나버리고
청둥오리 가족들도 다시는 돌아오지 않았다

여기저기 펄럭이는 것, 새의 찢어진 날개인 듯,

다가가 보면, 낚시꾼들이 버린 검은
비닐봉지가 유령처럼 바람에 나부끼는데
온 동네 사람들은 마대 포대를 들고, 휴일
꾸부정한 몸을 데리고 강을 쓰다듬는 일

돌아올 때 한가득, 넘치는 것들, 리어카
수북이 쌓인 빈 병들이 덜거덕거리며, 시부렁
시부렁, 저들끼리 욕을 퍼붓는다, 그대로
그대로 두면 되는 것을, 겨울 강가

스스로 온몸 뒤척이며 꽁꽁 얼어버릴 것인데
저 혼자 단단한, 봄, 기다리느라, 바람 소리

강바닥에 잠재우는 시간, 어린 물고기
꼬리를 흔들며 노닐었던 날

헉, 허억, 봄을 기다리느라 두꺼운
빙하 속을 견디고 있었던 그때
그대로

감

마음이 닿으면
말이 필요 없다
침묵 속에 흐르는 떨림,
가느다란 숨결 사이로 스미는 온기,
너와 나의 진폭이 겹쳐
하나의 파동이 된다
저 먼바다 끝 물결도
달빛을 감지하며 일렁이듯
너의 눈빛 속에 서린
아득한 그리움을
나는 안다
때로는
잎새 끝에 맺힌 이슬처럼
투명하게 떨리는 마음도
때로는
돌담을 타고 흐르는 바람처럼
차갑게 머문 기억도
모두 느껴진다
너는 말하지 않아도

나는 이미 알고 있다
가슴에 새긴 상처의 결마다
지나온 시간의 고비마다
흐르던 눈물의 짠내
나는 안다
감
그것은 눈에 보이지 않아도
어디선가 은은히 피어나는
풀꽃의 향기처럼
소리 없이
그저 스며드는 것이다
그래서 너와 나는
말 없이도
서로를 감지하며 살아간다
어쩌면,
세상의 모든 마음이
그렇게 이어지는 것인지도 모른다
보이지 않는 실로
아련히 묶인 채로

서로를 느끼며

떨리며

살아간다

봄눈

봄에 내린 눈
꽃이 필 준비를 하던 날,
뜻밖의 눈이 내렸다.
연둣빛 새순 위로
차가운 흰빛이 겹겹이 쌓이고,
막 피어나려던 꽃망울들은
한순간 숨을 멈춘다.
겨울이 남기고 간 마지막 인사일까,
아니면 봄이 채 오기 전에
머뭇거리는 계절의 망설임일까.
하지만 꽃은 알고 있다.
잠시 머물러도
이 눈은 결국 스며들고,
흙이 되고,
새로운 생명을 틔울 거라는 것을.
그래서 꽃은 서둘러 피지 않는다.
그저 하얀 침묵 속에서,
자신에게 온 시간을
천천히 기다릴 뿐이다.

붓

 어떤 날은 붓을 들고 싶어진다. 혹은 카메라를 쥐고 세상의 찰나를 담고 싶어진다. 아름다운 그림과 사진을 볼 때마다, 내 안에서 잔잔한 물결이 인다. 그것은 단순한 감탄이 아니라, 더 깊은 곳에서 일어나는 울림이다. '나도 저렇게 그리고 싶다. 저 순간을 나의 시선으로 담아내고 싶다.' 그런 마음이 일렁일 때, 나는 내가 작가이기 전에 한 사람의 감상자라는 사실을 깨닫는다.
 예술은 손에 닿지 않아도 마음을 움직인다. 한 폭의 그림 속에 스민 색채가, 한 장의 사진에 머문 빛과 그림자가 말없이 내게 말을 건다. 내가 해보지 못한 것들, 가보지 못한 곳들, 살아보지 않은 삶들을 한눈에 담을 수 있는 것이 그림이고, 사진이다. 그래서일까. 문장을 짓는 내게도 붓을 쥐고 싶은 순간이 오고, 셔터를 누르고 싶은 충동이 찾아온다.
 그러나 끝내 나는 붓을 들지 못하고, 카메라를 손에 쥔 채 망설인다. 내가 그리는 선이 원하는 선이 아닐까 봐, 내가 찍는 사진이 내 마음을 다 담지 못할까 봐. 그리고 나는 깨닫는다. 어쩌면 그것이 내가 글을 쓰는 이유일지도 모른다고. 손끝에 닿지 못한 풍경을 글로 붙잡고, 사진으로 남기지 못한 순간을 문장으로 채운다. 내가 그리지 못한 그림을 글로 그리고, 찍지 못한 사진을 이야기로 현상한다.

예술이 주는 위로는, 그것이 나에게 또 다른 길을 열어준다는 점에 있다. 그림을 보고 감동한 날, 나는 그림을 그리고 싶은 사람이 된다. 사진에 마음을 빼앗긴 날, 나는 사진작가가 되고 싶어진다. 그리고 그 모든 감정이 내 안에서 어우러질 때, 나는 다시금 글을 쓴다. 색채를 닮은 문장으로, 빛과 그림자가 공존하는 이야기를 새긴다.

그래서 나는 오늘도 아름다운 것을 본다. 언젠가 내 글 속에서도 누군가가 그림을 그리고 싶어지고, 사진을 찍고 싶어지는 날이 오기를 바라면서.

얼음꽃

이대로 얼어붙어
흰빛이 될 수 있다면

나무의 단단한 혈관
녹일 수 있다면

무심코 지나가던 바람의 손목 따위
잡지 않으리

세상에서 가장 추웠던 것
누구 탓도 아니지

겁많은 노루의 귀처럼 쫑긋 세운
내 안의 경계

이대로 녹아
물이 될 수 있다면

어미 새

깨진 기왓장 틈새
어린 참새들이 살고 있다
그들은 아직 너무 어려 날개가 없는

종일 어미 새가 오기만을 기다릴 뿐
바람만 불어도 입을 벌리는구나
서로 먼저 먹으려고 한껏 벌리는 입안이 붉다
똑같은 입을 동시에 벌려도 어미 새가 먹이를 집어넣는
순서는 정확하다, 누구 한 입을 더 주는 일은 없다

어미 새가 공을 들여 만들어놓은 집안에서
종일 기다리면 된다
어미 새 기척이 들리면 큰소리로 지저귀며 입을 벌리면 된다
무조건 크게 울기만 하면 된다
배가 부를 때까지 목 안을 내보이며 떼를 쓰면 된다

고단한 어미 새의 한숨을 알 길이 없는
저 어린것들을 보라

둥지 안 새끼들의 살이 오를수록 여위어가는 어미의 날개
그 겨드랑이는 헐어있구나

조금 떨어진 어미 새가 잠시 쉬어가는 그 시간에
그들이 살찌고 어미 새가 여위어가도 좋을
달콤한 휴식은
다시 창공을 힘껏 날아가 먹이를 구해야 하는 피할 수 없는
처지를
밀어주고 있다
지나치던 구름들 바람들이 새의 날개를 들어주는 찰나

일제히 입을 벌리는 어린 새
드뎌 날개가 돋아난다
푸드득 소리가 둥지에서 들리는
휘파람 같은 하루가 저물어갈 즈음

어미 새 바삐 날아가다 뒤돌아보면, 그 눈가에 맺힌
몇 방울의 이슬

떨어진다

더 빨리 돌아오기 위해 더 멀리 날아야 하는 것

지상의 꽃잎들도

일제히 떨어졌다 다시 피어날 시점과도 같이

어미 새 창공으로 날아오르다

에밀레종

오래전에도 몇 번이나 합장하고 섰던 곳
듣고 또 들어도 가슴 떨리는
종의 숨결

무릎 꿇은 여인의 머리 위
천상의 구름, 꽃잎 되어 나풀거리는
에밀레, 에밀레 대신 들리는
어머니, 어머니

살아생전에 실컷 불러보지 못했던
당신의 이름처럼 그 잔잔한 떨림
종의 전설은 오래전부터 그 자리를
지켜온 것처럼 울었다, 먹먹하고
긴 여운, 꽃집 등에 나타난 보상화무늬
바람결에 하늘거리듯

아이를 잃은 어미와 어미를
잃은 아이가 함께 우는 소리

가만가만 울려 퍼지는 날 저녁
정적을 깁는 그리운 이름 하나
여덟 개의 연꽃잎 껴안고 속속들이
퍼져 드는 음

모두가 돌아간 박물관, 저문
마당에 종에 갇힌 서러운
울음, 가만히 울려 퍼진다

위로

너는 분명 잘될 거야
어둠이 깊을수록 새벽이 가깝듯
너의 길에도 분명히 빛이 깃들 거야.
때로는 걸음이 더디고
때로는 바람이 거세도
네가 포기하지 않는 한
길은 너를 배신하지 않아.
네 안에는 아직 피지 않은 꽃이 있고
네 눈에는 아직 담지 못한 별이 있어.
그러니 너무 조급해하지 마.
너는 분명 잘될 거야.
아니, 이미 잘되고 있어.
네가 스스로를 믿고 걷는 그 순간부터.

슬픔이 말을 걸었다

슬픔이 슬픔을 우두커니 바라보고 서 있었다
슬픔을 바래다주려고 섰던 골목길의 끝
모퉁이를 돌면 헤어져야 하는 우리

슬픔이 뚜벅뚜벅 앞서 걸어가고 있는 뒷모습을
또 다른 슬픔이 지켜보고 서 있었을 뿐
말을 잃은 슬픔은
등을 돌리고 앞을 향해 걸어갔다
슬픔이 슬픔을 위로한다는 것은

슬픔아
너는 어둠 속에 피는 작은 불빛
마음 깊은 곳에서 물결치며
고요히 나를 감싸는 파도
나는 때때로 너를 두려워했지
눈물의 강을 건너는 일
외로운 항해 같아서
하지만 너는 조용한 손짓으로

나를 가장 깊은 나 자신에게로 데려가더라
너 없이는 몰랐을 거야
기쁨이 얼마나 맑게 빛나는지
하루하루가 얼마나 소중한지
네가 다녀간 자리마다
새로운 빛이 돋아났으니까

네가 남긴 흔적 위로
나는 다시 걸어간다
더 단단한 발걸음으로
더 깊이 사랑하는 마음으로

기억의 무늬, 그를 읽었다

올해에도 작년처럼 잎들이 피고 지는 일, 멈추지 않고
계속 이어지듯, 나는 계절이 바뀔 적마다 쉼 없이
나의 학생들과 함께 그를 읽었다

삼봉 정도전을 다시 만나는 시간, 길고 어려운
설명은 하지 않았다, 다만 그가 끝까지 남기고
간 울림 깊은 말, 오직 백성을 사랑했던 마음
고뇌로 주름진 그의, 이마 켜켜이 '민본'을
새겨 넣었을 아득한 시간, 오래된 기억의
현재를 더듬느라 가끔은 그들에게
큰소리로 읽도록 했다

조선 전기의 문인, 비록 이방원에게 목숨을 잃었지만
누가 뭐래도 조선의 일등 공신이었음을, 그가 세운
성리학의 이념, 불교를 배척한 삼봉 정도전의 업적
그 뜻깊은 시간의 이마를 조심스레 짚어본다

그는 일찍이 시와 문장에 뛰어나 '고려사' 47권을
개수하고 '납씨가' '신도가', 악장을 지었다, 조선경국전

경제문감의 저서와 삼봉집 등을 남기지 않았던가
그가 그토록 꿈꾼 나라는 바로 '백성을 위하는'
따스한 나라였다, 그가 말한 '백성은 국가의 근본'
'군주의 하늘'이란 외침이 깃발처럼 펄럭이는데

누가, 삼봉을 구차하게 자신의 목숨을
구걸하였다고 기록했던가
조선의 법과 제도, 수도 한양의 재정비까지
모두 책임졌던 삼봉 정도전, 살아생전 그가, 꿈에
그리던 '민본'의 의미를 되새김질해 보는 시간
그의 호, '삼봉'이라고 지은 의미를 기억한다

그런 사이에도 수도 없이 다시 피고 지는
크고 둥근 저, 초록의 잎들을 보라
어떤 비바람에도 굴하지 않고, 하늘을 향해
손을 흔들어 보인다
어제보다 오늘 더 푸르고
싱그럽게 새로운 날을
기약하듯이, 나는 오래오래 나의 사랑스러운
학생들과 함께 그를, 읽을 것이다

마네킹

그녀는 저렇게 온종일 서 있다
말없이, 숨도 쉬지 않고
햇빛은 가혹한 채찍이 되어
희뿌연 얼굴 위를 내리치고
비는 때때로 창을 적셔
눈물 흘릴 틈조차 허락하지 않는다
누군가는 지나가다
내게 옷을 걸치고
또 누군가는
무심히 벗겨간다
나는 여기에 있지만
나는 여기에 없는 듯
바라보는 눈빛 속에서도
그 누구도 나를 보지 않는다
밤이 오면,
유리창 너머의 도시가 빛나고
나는 희미한 그림자로만 남는다
한때는,

살아 있었다면
꿈을 꾸었을까?
무엇을 위해 걸었을까?
그러나 이제는,
흔들리지 않는 것에 익숙해져
바람도, 시간도
그저 지나가게 둔다
서 있는 것이 삶이라면
나는 오늘도
묵묵히 삶을 견딘다.

자작나무, 흰

가녀리고 키 큰 나무들 사이로
새의 날갯짓처럼 잎새가 팔락거렸다.
속삭이는 잎들 사이로
어제의 시간이 미끄러져 가고
긴 오솔길을 남기는
숲.

그곳에 가면, 나도 모르게 안으로
자꾸만 더 안쪽으로 걸어가게 된다.
내가 만난 숲의 바깥은 바람이 너무 거칠고
내가 들은 말들은 종종 날이 서 있었지만
여긴 그 모든 것을 단숨에 날려버린다.

수 개의 잎을 흔들어 순식간에
세상을 잠재워 버리는 그들.

여리디여린 잎, 때로 바람에 못 이겨
휘청이던 날, 쓰러지지 않으려 얼마나 애썼으면

군데군데 검은 줄무늬가 아로새겨졌을까.
잎들을 다 날려 보내고서도 흔들리지 않는
유독, 말수가 적은 어느 시인의 시처럼
오래오래 자기만의 빛을 담고
그윽하게 서 있던 곳.

나무들의 손짓을 따라 가만히 걸어가 보는 길
아주 오래된 기억을 더듬는 눈빛처럼
어딘가에 스며드는 순간이란, 어쩌면
숲과 바람이 교감하는 찰나의
흰, 고고한 떨림인지도 모를 일.

펭귄 마을에 가다

까딱하면 불에 타 쓰레기 더미로 버려질 집. 몸이 불편한 어느 노인이 뒤뚱거리며 주민들과 함께 빈집을 정리하고 거기다 텃밭을 가꾸었다는 마을. 긴 골목길 지루하지 않도록 밋밋했던 벽마다 앙증맞은 소품을 걸고 눈에 띄는 글귀로 친절한 에스코트를 해주는 곳. 오랜 정지문, 어린 시절 양은 주전자 걸린 왕대폿집, 흑백 티브이들. 벽마다 걸린 괘종시계는 먼먼 추억의 시간으로 소환한다. 벌컥, 방문이 열리고 들어와 언 손 녹이고 가라고 금방이라도 집주인 행인을 불러 모을 것 같은 곳. 빨간색 옷을 입은 어린 펭귄, 자세히 들여다보니 고장 난 소화기로 만들어졌네요. 자연목 재활용으로 만든 물고기 액자, 각양각색 표정이 재미있어 한참 동안 그 앞에 서 있었죠.

너는 손을 잡았고, 나는 마음을 잡았다.

저 문장을 읽고 얼마나 많은 연인이 손을 잡고 걸어갔을까요. 양 갈래로 묶은 발랄한 삐삐처럼 공예품을 따라 걸어보세요. 옛날 시계로 빽빽한 포토존을 만날 거예요. 그냥 지나칠 순 없겠죠. 추억의 한 컷, 누구든지 마음을 단박에 사로잡힐걸요.

유행 따라 살지 말고 형편 따라 살자.

벽 중간, 붉은 액자 속에 적힌 글귀에도 걸음이 멈춰요. 낯설지 않은 풍경만이 갖는 묘한 매력에 빠져들어요. 잊을 만하면 불쑥불쑥 나타나는 유난히 흰 배를 가진 펭귄 가족. 쿡, 웃음이 터지는 파란 벽 위로 참새처럼 줄을 이은 양은 냄비들. 참 많이도 찌그러졌어요. 저런 꾸밈없는 그때 그 시절의 추억을 소환, 주막 분위기와 안성맞춤이죠. 고갤 들어 지붕을 올려다봐요. 엄마를 기다리는 남매의 모습이 짠하네요. 여기까지 와서 달고나를 먹지 않으면 안 되겠죠. 주막에서 파는 살얼음 막걸리도 살짝 맛볼까요. 상추 튀김 안주로 주거니 받거니 회포를 풀고 갈까요. 그게 여행하는 맛이죠. 한 바퀴 휙, 돌고 나오시면 공예 거리가 시작돼요. 눈 깊은 한옥, 그 집에 들러 조금 쉬었다 갈까요.

악마의 눈

푸른 유리 조각 속에
세상 모든 어둠이 숨어 있다.
그 찬란한 빛은
빛나면서도, 언제나 그늘을 품고 있다.
악마의 눈이라 불리는 이 작은 구슬은
정직하게 세상을 바라본다.
그 눈 속에서
내가 본 것은
희망이 아닌,
그저 지나가고 있는 시간뿐이다.
그리운 눈빛, 두려운 눈빛,
어둠 속에서 흔들리는 빛을 품고
길고 긴, 소리 없는 속삭임을 던진다.
"행운을 바라면, 너는 나를 알게 될 것이다."
하지만, 악마의 눈은
그 무엇도 바꾸지 않는다.
그저 지나가며
세상의 굴레를 따라

그 자리에서 묵묵히 지켜볼 뿐.
내가 이 유리 속에 담긴 시간을
어찌할 수 있을까?
행운이 찾아오는가,
아니면 그저
내게 또 다른 시련을 안겨줄까?
푸른 유리의 눈동자,
그 안에 비친
나의 얼굴을 볼 때마다
나는 또 다른 질문을 던진다.
행운은, 그저 내가 선택한 눈빛일까

저녁 소묘

바람이 사라진 강 위로
한 마리 새가 조용히 가라앉는
물결은 오래된 꿈처럼
가만히 자신을 풀어 헤치고
새는 그 위에 작은 점 하나로 남는다
누군가 어제를 덧칠하고 간 자리
물 위의 그림자는 흐릿해지고
그림자가 유난히 긴 한 여자
노을을 움켜쥔다
손바닥 위에서
붉은빛이 천천히 식는다
저녁의 끝을 따라 걸으며
잃어버린 말들을 세어 본다
비틀린 길을 따라 멀어지는 마을
어느 문 앞에 버려진 유모차마저도
잊어버리고 싶은 그때, 아직 쓰지 못한
그다음 단락 마지막 문장을 애써 떠올리며
쓰지 못한 말들은 언제나 긴 여운을 남기고

또다시 아침이 오기 전
이 강둑은 몇 번 더 흔들릴 것이다
새벽의 남은 빛과 아침이 오는 틈새
그녀의 문장은 얼마나 더 애틋해야 하는 걸까

장인

나무의 결 위로
시간이 흐른다
툭. 툭.
정의 끝에서 울려 퍼지는
생의 파문
붉은 심재에 스며든
대지의 울음과
바람의 숨결이
그대 손끝에서 되살아나
눈부신 생애로 피어난다
어둠 속에서
빛을 쪼아내는 이
칼끝에 새긴 혼의 자취는
한 줌 먼지가 되어도
바람에 흩어지지 않으리
손끝에 물든 나이테는
고요한 언약
결마다 새겨진

삶의 무늬를
피와 땀으로 덧칠하며
서늘한 나무의 숨소리 속에
자신을 새겨 넣는
그대의 영혼은
마침내
하늘로 울린다
웅. 웅.
시간을 새기는 그의 혼은
무심한 세월마저도
휘어잡아
아름다움으로
꽃피운다

능

고요한 능의 그늘 속
흙 속에 묻힌 조상들의 숨결이
잊혀진 시간 속에서 흐르고,
그들의 이름은 바람에 실려
아무도 모르게 흘러간다.
금빛 찬란한 왕관은 이미 먼 곳으로,
허물어진 돌기둥만이 고요히
세월을 거슬러 말없이 서 있다.
그러나 그들은 여전히 살아있다.
죽음은 단지 한 편의 끝없는 이야기,
어둠 속에 숨겨진 빛으로
새로운 세대의 뿌리를 내린다.
이 능은 단순한 흙더미가 아니다.
그 속에서 피어나는 고요한 기품,
정갈한 죽음이여,
그대의 고독 속에서
영원히 고요히 흐르는 시간.
옛 왕의 신비로운 숨결,

그가 머문 자리마다
사라짐은 없으니,
영혼의 궤적은 그늘 속에 새겨져
우리의 발자취로 이어진다.
능은 그저 죽음이 아니다.
선조의 기품이 살아 숨 쉬는 곳,
그들의 영혼이 맑은 하늘로
오롯이 돌아가며,
우리에게 다시 한 번
그 고귀한 이름을 속삭인다.

목련

세상의 소란, 조금 멀리 두고
목련의 기도를 듣는 지금
흰빛, 그 눈부심에 잠긴다
아무도 닿을 수 없는 곳에서
오직 목련만이 아는 언어로
내 영혼을 표백하고픈 날
가슴의 상처와 무거운 기억
몇 개, 조용히 씻어내리고 한 잎
흰 꽃잎으로 피어나고픈 아침

토우

흙의 속삭임 속에서
낡은 손길이 남긴 흔적들,
경주, 그 땅의 품속에서
잊혀진 시대의 숨결이 일어난다.
작은 손끝에 빚어진 눈빛,
먼지가 쌓인 얼굴 위로
어느 선비의 고요한 기도가
살며시 내려앉는다.
묵은 토기 속에 담긴
조상의 기억,
강물이 흘러도
흙은 그 자리를 지키고.
불사르지 않은 꿈들이
고요히 춤을 추며,
세월의 무게를 가볍게 비운다.
하나하나의 작은 토우들,
신비한 빛으로
오늘을 비추는

옛사람들의 바람이 되다.

흙을 통해,

우리는 여전히 그들에 닿을 수 있다.

시간을 넘어,

어두운 밤하늘 아래

작은 불빛처럼 반짝이는

토우의 영혼.

배추흰나비

흰, 흰나비의 날개
하늘은 한 조각
나비의 흰 날개를 담고
그 작은 움직임 하나가
세상의 경계를 흔든다
가벼운 바람을 밀어
어디선가 우주의 파동을 일으키고
그 미세한 진동이
끝없는 거리를 넘는다
별들은 그 파동을 기억하며
어두운 밤을 흔든다
빛의 속도보다 더 빠르게
시간은 흐르고
우리는 그 흐름 속에
모든 것이 엮인 실타래처럼 살아간다
누군가의 작은 말이
혹은 고요한 침묵이
무심코 던진 한 발자국이

어디에선가 벽을 무너뜨리고
다시 일어설 수 없는 깊은 함정을 만든다
하지만, 나비는 안다
그 모든 것이
끝내 무언가를 이루기 위한
조용한 기도처럼
반향을 일으킨다는 것을
작은 날갯짓, 세상의 가장 큰 변화를
시작한다는 것을
바람을 따라
우리는 여전히 알지 못한 곳으로 흘러가며
그 끝이 어딘지 모른 채
새로운 계절을 부른다

매듭

손끝에 닿은 부드러운 보자기의 감촉
어떤 뒷이야기를 숨기고 있다.
그것을 풀기 전에
나는 항상 매듭을 본다. 그 순간
어떤 매듭은 손끝을 잇는 대로 풀리지만
어떤 것은 고집스럽게 끈을 움켜잡고 있다
세상의 매듭은 때때로 그렇다
풀리기를 거부하는 것들은
너무 단단하게 묶여 세상의 힘을 대면
쉬이 풀리지 않는다
반면, 스르르 열리는 매듭은
은근슬쩍 손끝에 맡겨지고
그 속에서 무엇이 나올지 모르는 설렘이 있다
그러나, 나는 알고 있다
풀 수 없는 매듭이
나를 시험하는 것이 아니라
풀려지는 매듭 속에서만
우리가 진정으로 바라던 선물이

그 존재를 드러내는 법이다
혹여, 한 번 더 묶어 놓은 매듭처럼
우리의 마음도 그렇게 단단히 엮여 있을지 모른다
그러나 시간이 지나면
언젠가는 풀리게 마련이다
그때, 우리는 그 매듭을 푸는 순간에
비로소 또 다른 나를 만날 수 있을 것이다

먼지

하루의 끝자락
내 손끝에 쌓인 것은
하얀 기운의 파편들
미세한 입자들
누구도 모르게
내 마음속 구석구석에
살며시 눌러앉는다
청소기 돌아가는 소리 속에
서늘한 공기가 잠시 흘러가고
그러나 내일이면
다시 먼지가 쌓일 것이다
흐르는 시간처럼
우리 내면에선
생각들이 휘저어지며
잡히지 않는 흐름에
또 다른 먼지를 남기고 간다
창가를 스치는 바람처럼
어쩌면 이 먼지는

그냥 지나가는 것일지도 모른다
하지만 깨끗함을 원하듯
나는 또다시 쓸어내고,
그 안에 묻혀 있던 기억들
하나씩 털어내려 한다
가끔은 이 먼지들이
우리의 흔적이자
작은 상처가 되어
어디선가 떠오르기도 한다
그럼에도, 나는 묵묵히
이 모든 것을 닦아내며
내일을 맞을 준비를 한다
먼지 속에 숨은
부정의 무게를
조금씩 덜어내며
오늘의 나를 더 깨끗하게
만들어 가는 것처럼

녹

덧없이 흐른 시간
고요한 고가구의 모서리
세월의 체취를 품은 쇠시리
녹이 스며듭니다
먼지 속에 잠자던 고백처럼
점차적이고 은밀하게
녹은 그곳에 침투해
살을 파먹고
껍질을 벗기고
속을, 무심히, 채워가고 있습니다
과거와 현재가 교차하는 그 지점에서
녹은 삶의 흔적이자
끝없이 닳아가는 존재의 고백입니다
하루하루 쌓여온 세월은
이렇게 짙어지고
조용히 뒷걸음질 치며
흘러갑니다
그 무엇도 살아남지 못할

끝없는 침식

단단했던 나무도

서서히 부서져 가는 것을 봅니다

녹이 슬며 파고드는 그 안에

우리, 모두가 담겨 있음을

우리는 모르고 지나갑니다

가구의 모서리

이제는 더 이상 반짝이지 않지만

그 녹 속에 숨겨진 이야기들이

어쩌면 우리가 지나온 자국일지도 모를

녹은 퇴색의 시작이 아니라

살아있는 흔적을 조용히 들여다보는 눈

그 안에 우린, 제각기 다른 시간 속에

깊이 박혀 있음을, 조금씩, 조금씩

깊어가고 있었음을

어떤 빛

늘 무심코 지나던 햇빛, 몇 번인가
뒤를 돌아보던 어제였다

바람이 지나갈 때면 잠시 거기 앉아
창밖을 내려다봤던 빈 의자 위, 움츠러드는
차가운 계절이 짧은 소맷귀로 파고들었다

빛도 가끔은 길을 잃어버리는 것일까
열기가 사라진 여름의 목덜미를 쓸어버리고
며칠 전부터 새벽바람은 소름이 돋아나
멍하게 앉은 그림자를 소스라치게 뒤흔들었다

낡은 의자의 뒷모습처럼 글의 바다에 갇힌
며칠을 보냈다, 밤새도록 길 잃은 나의 시어들
시의 언어를 시가 헤아려보느라 날이 훤하게
새는 줄도 모르는 그 시각, 그 틈 사이를 비집고

들어선 빛, 그녀는 내게 그렇게 수시로 스며들어

번번이 내가 의자에서 일어설 적마다
매번 다른 무늬의 실루엣을 드리우고
내 창가를 스쳐가 버렸다, 그녀는 자신을
태우느라 무척 수척해졌을, 지난밤에도
내 의자 위로 따스한 빛을 한 움큼이나
두고 갔다, 그녀는 내게 잊히지 않는
빛이었을까

하중도河中島의 꽃

물길이 감싸 안은 땅
그곳에 봄이 내려앉았다
노란 물결은 바람을 타고
햇살의 향기를 가득 머금는다
유채꽃은 바람에 몸을 맡기며
사랑을 속삭이는 듯
흩날리는 꽃잎 사이로
햇살이 반짝이며 내려앉는다
강물은 천천히 흐르며
꽃의 이야기를 실어 나르고
고운 나비들이 노래하듯
가벼운 춤을 춘다
발길을 멈춘 이마저도
봄빛 속에 젖어 들고
시간은 그곳에서
고요한 황금빛으로 물든다
하중도의 유채꽃밭
그곳은 봄이 머물다 가는
가장 따스한 자리

회광반조

어둠이 짙어질수록
빛은 더욱 선명해지나니
저물녘 태양은 마지막 남은 빛으로
온 세상을 어루만진다
낮 동안 지나온 길 끝자락에서
느릿느릿 돌아본다
어디서 꺾이고, 어디서 타올랐는지
한 줌 빛으로 새긴 궤적을
어쩌면 스러지는 순간이
가장 눈부신 법
지금 이 빛이 마지막이라면
더욱 환하게 타오르리
스러지는 것이 아닌
다시 한번 빛나는 것
어둠 속에서도 꺼지지 않는
내 안의 작은 불꽃의 기도

잠자리 날개

날개는 얼마나 가벼울까요.
날개의 무늬는 얼마나 가녀릴까요
미세한 바람에도 상처를 입겠지요
잠자리 날개, 아침이 부서지는 순간의 실루엣
얇고 투명한 속살이 빛을 잃지 않으려
세상과 조용히 호흡을 맞추는 그 모습
가녀린 무늬는 바람에 흔들리는 꽃잎처럼
무수히 깃든 시간을 담고 있겠지요
미세한 바람조차도 그 날개의 상처를 엮어내는 고요한 춤
날개는 세상의 모든 부드러움을 짊어진 채
하늘을 가르고 아직도 날고 있지요
이토록 가벼운 꿈, 풀잎 위에 남은 한 줄기 빛처럼
허공을 스쳐, 사라지는 듯 존재하는 것
그 미세한 떨림 속에서, 우리는 알지 못한 채
매 순간 상처를 입고 또 치유되는 것을
날개처럼 가벼운 마음, 바람 한 점에도 흔들리고
그 흔들림 속, 세상의 모든 무늬를 품고
우리도 모르는 사이, 조용히 색을 바꾸며 흐릅니다

마음의 끝자락, 그 날개 하나가 부서질 듯하여도
여전히 꿈을 향해 날고 있지요
고요한 밤, 우리는 그 무게를 모른 채
다시 날개를 펼칩니다. 잠자리 날개처럼
그 무엇도 손에 잡을 수 없고
그 무엇도 완전히 가질 수 없으나
그 속에 담긴 신비한 빛은
영원히 우리의 존재를 밝혀주는
하늘의 한 조각이 되어
우리를 감싸 안고 있겠지요

꽃비

저기 지붕 위로 흩어지는 꽃비를 보라
하늘이 잠시 숨을 고르는 사이
잎보다 먼저 피었던 것들이 먼저 지고 있다
목련은 새벽의 눈물로 접히고
홍매화는 바람의 입맞춤에 휘날리며
산수유, 노란 웃음 끝자락에서 고요히 고개를 떨군다
지는 건, 슬픔이 아니라 기꺼이 흩어짐이다
그토록 환하게 피었으니
저토록 아름답게 져야 하지 않겠는가
꽃잎 하나, 내 손바닥 위에 눕는다
이별이라 부르지 않겠다
봄이 나에게 남긴 가장
고요한 안녕이니까

그림자, 나무

오래된 시간의 자락을 끌며

고요히 하늘을 우러러보는 가지들
줄기마다 거칠고 깊은 기억, 새겨져 있지만
바람을 두른 채 우뚝하게 서 있다
해는 무심히 등을 돌리고
남은 빛, 가지 사이로 녹아들 때
땅 위엔 검은 숲이 피어난다

잎사귀도 없는 그림자의 나무가
땅바닥에 펼쳐진 수 개의 선을 그린다
가느다란 가지들이 뻗어나가며
이름 모를 별자리를 새기고
엉켜 든 선들이 미로처럼 비치지만
함부로 서로를 침범하지 않는다

나무의 실루엣은 바람에 흔들리지 않지만
그림자는 끊임없이 떨린다

흙과 빛 사이에서 빚어진 신비
검은 선들은 무언으로 말을 건넨다
나는 잠시 그곳에 머물며 듣는다
무성한 침묵이 잉태하는 빛의 이야기
그림자를 통해 자신을 흩뿌리고 선 그
어디에도 닿지 않는 영원의 목소리, 가만가만
들려줄 뿐이다

탈고의 숲

손가락으로 두드린 우거진 숲을 건넜다.
아름드리나무 사이로 등장인물들이 날아다녔다.
어지러웠고 목이 말랐다, 그늘 사이로 스며드는 빛
여러 날을 헤맸던 것 같다. 나뭇가지에 걸려 찢어진
소매의 깃, 나무 뿌리에 걸려 수없이 넘어졌다.
오래전부터 내 안에 기거했던 그들에게 어울리는
이름표를 붙이느라 아침을 잊어버린 날도 있었다.
이름이 되지 못한 몇몇은 그 숲에 꼭꼭 묻고 돌아오기도 했다.
오늘 새벽, 나는 그 숲의 끝에 다다랐다.
돌무더기처럼 쌓인 초고의 잔해 위에
마지막 문장을 얹었다.
그것은 마치 어린 날의 나를
아무도 모르는 곳에 묻는 의식 같았다.
창백해진 나의 손가락마저도 삐걱거리며 돌아설 때
내 안의 생명이 빠져나가는 숨결을 들었다.
나는 그것을 지켜보며
온몸으로 그들과 작별을 고해야 한다는 것
이제, 더는 어찌할 수 없음을 감지하는 순간

나의 숲은 점점 희미해졌다.

어둠 속 빈 하늘.

흰 새 몇 마리, 낱말처럼 날아가고

나는 그 새들의 그림자처럼 서 있었다.

한 줄, 또 한 줄.

나는 나를 쓴 것이 아니라

나를 벗겨내던 것이었음을.

나를 내 안에서 끄집어내

영원히 다른 어둠 속에 두는 일이었나.

그러나 그 어둠은 낯설지 않았다.

어쩌면 모든 이야기는

어둠에서 태어나 빛으로 흘러갈 테니까.

다시 어둠으로 돌아가는 하나의 긴 호흡일지도

나는 한동안 고요에 들고 싶다.

마치 다음 숲이 나를 기다리고 있는 것처럼.

다시는 쓰지 않아도 될 것처럼.

그러나 어딘가에서 문장 하나가 움트고 있다는

그것이 나를, 다시 숲으로 부를 것이다.

언젠가는.
다시.
그러면 나는 또 나를 벗어야 하리라.
다시, 태어나기 위하여.